새벽을 나는 새

새벽을 나는 새

초판 1쇄 발행 2021년 9월 6일

지은이 임하연
펴낸이 장길수
펴낸곳 지식과감성#
출판등록 제2012-000081호

교정 백승은
디자인 이은지
편집 이은지
검수 김우연, 윤혜성
마케팅 고은빛, 정연우

주소 서울시 금천구 벚꽃로298 대륭포스트타워6차 1212호
전화 070-4651-3730~4
팩스 070-4325-7006
이메일 ksbookup@naver.com
홈페이지 www.knsbookup.com

ISBN 979-11-392-0058-4(03810)
값 10,000원

- 이 책의 판권은 지은이와 지식과감성#에 있습니다.
- 이 책 내용의 전부 또는 일부를 재사용하려면 반드시 양측의 서면 동의를 받아야 합니다.
- 잘못된 책은 구입하신 곳에서 바꾸어 드립니다.

지식과감성#
홈페이지 바로가기

서시

시간을 싣고 달리는 말

시간을 싣고 달리는 말 붙잡으려면
휘어들며 질주하는 그 옆구리에
홍화처럼 피어나 따라붙는
붉은 노을 흠뻑 찍어다가 주술로
하얀 갈기 잔결마다 한 가닥씩 바르고
뜨거운 핏줄 펄떡이는 그림을 그려서
말이 지나갈 길섶마다 내걸어
특급 현상수배 말이 되게 할까

고개 숙여 목 축이는 잔등 위로
은빛 왕관처럼 흰 김 연기 오르고
아침볕이 찹찹하게 내려와 덮이면
밤새 바다 위 달려온 백마가
엉덩이엔 새치름한 달 올려 앉히고
해안가 빙그르르 달음박질치게 할까

제 몸으론 따라낼 수 없는 광년의 거리
목화솜처럼 뭉게뭉게 부풀어 오르는 우주에서
헤벌려진 입술로 투루루 투레질하며
우주의 중심에 끈으로 매인 양 사력으로 휘돌다가
품에 안기듯 별을 따라 천궁으로 가게 할까
그 등에 오르면 나도 돌아갈 수 있을까

목차

서시: 시간을 싣고 달리는 말 • 3

너희를 보내며 • 8
나무 안에 사는 나무 • 9
일 분 만이라도 • 10
바다가 된 꽃들아 -진도 앞바다를 생각하며- • 11
눈 밝은 새가 되어 • 12
매미 • 13
물풀 • 14
걸레 • 15
바람 없는 나라 • 16
여우비 뒤에 서는 무지개 • 17
꽃과 바람의 길 • 18
모기 • 20
양파 • 21
쌀 한 톨 • 22
끝없이 흐르는 마음 • 23
새벽 • 24
새들의 수채화 • 25
상수리 숲에 돌아와 • 26
말로 하는 것은 • 28

가죽 냄새 나는 낡은 지갑 • 29

국화는 어려운 누이 • 30

어레짐작 • 32

하늘에 빛 칠하는 붓 그림 • 33

변곡점에 서 • 35

속내 지움 • 36

날 수 없는 새의 비상 • 37

파리 • 38

어린 풀의 날 • 39

달 속의 숲새 • 40

짝사랑 1 • 42

짝사랑 2 • 43

꽃말 • 44

오로라 꿈 • 45

맨드라미 속을 보다 • 47

단감 • 48

불영계곡 스케치 • 49

별을 향해 쓰는 시 • 51

침묵의 말 • 52

서울, 나의 별 • 53

시가 흐르는 강 • 54

결심 • 55

부표들의 중심 • 56

참 소소한 기적 • 58

사랑초 • 59

시의 탄생 • 60

개미의 길 • 61

내 안의 호수 • 62

새벽으로부터 • 63

백로에게 • 65

화성의 깃발 • 66

파랑새의 날들 • 68

씨디 플레이어 같은 대합실 • 69

먼지처럼 • 70

새장 속 여린 새 • 71

땅과 하늘 사이 흰 강을 건너 • 72

눈 내리는 날이면 시를 쓰곤 했어 • 74

얼음 같은 마음 • 75

나뭇잎 하나 • 76

마음 • 77

슬픔이여 • 78

가지 못한 길 • 79

담쟁이 넋 • 80

계절 앞에서 • 81

윤슬 같은 • 82

가방에 담긴…… • 83

믿고 싶은 것 • 84

시의 실종 • 85

바람 난 우산 • 86

바다를 꿈꿈 • 87

겨울이 지나가는 마음 • 88

내 어머니 사랑의 이력 • 90

새벽에 편지를 쓰리 • 91

새들의 마을 • 92

서울은 바다 • 93

흑심 • 94

너에게 • 95

가랑잎 살이 • 96

서해의 밤 • 97

새가 나는 건 • 98

겨울 장미 • 99

길 • 100

겨울 바다 소묘 • 101

낯선 도시의 갈매기 • 102

아기별꽃 • 103

나는 누구인가? • 104

너희를 보내며

무엇이든 너희를 옭매려 하면
가뭇없이 숨줄 끊어내고
매임 없이 허공 나는 꽃잎이나
철책을 뛰어넘고 바람처럼
광야를 닫는 표범을 보아라

바람벽 막힌 안에서
뭉게뭉게 시름은 자라고
성글게 벌인 가지들 사이
소리 지르며 거친 바람 지날 때
획획 나는 모래알들처럼
달구어진 숨결로 달려라

어두운 틈새까지 햇살 들면
우두둑 일어서는 뼈와 근육들
널브러진 그림자도 일으켜
여명을 열고 떠나라
푸른 가슴 부딪는 물보라 속을

나무 안에 사는 나무

기억을 저장하는 나무에는
망각의 수액도 함께 흘러
전생을 돌아 나온 영혼이라 해도
다 알지 못한다
구슬 같은 달빛 한 점 이고 선
청춘의 길섶에 핀 들꽃 같은 이여
그리움의 솜털이 보송보송 돋아나는
나무 한 그루 내 안에 산다

일 분 만이라도

엄마가 일 분 만이라도 살아오시면
내 가슴 그 시간 뻥튀기 기계 되어
그 넋을 안고 뜨겁게 구르다가
우리 마당 햇살 뛰노는 꽃밭 위에
사뿐히 풀어드릴 테야

행복했던 시절 분수처럼 솟구쳐
난만하게 흐드러지던 웃음소리
당신의 식은 가슴을 다시 데우고
추억에 벅차 차마 돌아설 수 없게

나, 그 손을 꼬옥 잡고
바다처럼 깊어진 내 안의 우물에서
술이 되게 익어버린 말들을
잘방잘방 별 담아 달 담아 길어 올려
당신 치마폭에 넘치도록 부으면
내 고요한 그리움에 고인
다디단 서러움에 취해
다시는 떠나실 일을 잊고
그 일 분으로 내 평생 함께 머무시게

바다가 된 꽃들아
-진도 앞바다를 생각하며-

깊은 바다 밑 캄캄한 어둠에 붙들려
돌아올 수 없는 아이들
몸속에 남아있던 숨결은
자개빛 영롱한 기포로 떠오르고
검게 물드는 육신들 일구어낼 듯
유장한 몸짓으로 술렁이는
마귀할멈 같은 저 물 밑에서
까르르 아이들 웃음소리
너희 비밀 아지트인 거긴
걱정도 쫓김도 없이 평안한 거니
어둠 속 황홀한 새 세상에서
모든 걸 잊을 만큼 행복한 거니
오늘도 갯가를 시린 발로 서성이는
넋 나간 발자국 소리들은 안 들리니
거긴

눈 밝은 새가 되어

뒤얽혀 지쳤던 몽상의 길을 지나고
침묵에 길들어 굳었던 혀도 풀리면
걸림 없는 사색의 씨앗들이 이제야
참 선하고 순한 영혼의 깊이로부터
소리 없이 쌓이는 눈처럼 내려앉아
젊은 가슴에 내밀한 향기를 채운다

아득한 벼랑 위 꽃 한 송이 얻으려
절박하게 기다리며 견디어온 날들
이제 발아래 잔뿌리가 박히고 뻗어
수정처럼 단단하게 자라날 수 있나
소나기로 내리는 은총 고랑에 넘쳐
숨 가쁘게 잎새를 밀어내고 스민다

풀잎에 맺힌 영롱한 시어들을 담아
가물고 뜨거운 너희 세상에 보내면
우리 꿈이 하나 이루어졌다고 할까
높은 하늘 흰 구름 누벼 날 수 있는
매끈하고 강인한 푸른 날갯짓 펄럭일
아주 크고 빛나는 눈 밝은 새가 되어서

매미

잎과 꽃 되는 씨앗처럼 굼벵이 살에서 돋은 날개
태어나기 위한 오래고 오랜 땅속 열일곱 해 바람이
섬광처럼 짧은 일생이라 매미는 억울해 우는 걸까

아름다운 이레의 삶이 이렇게 가는 거냐며
신록 무성한 나뭇가지 온몸으로 부여잡고
매미는 그렇게도 애를 끊으며 우는 걸까

배롱나무 꽃잎처럼 붉은 노을 속으로 질 몸
한 점 미련마저 놓을 수 없어 온 마음 쥐어짜며
허공에 제 이름 외마디 그토록 울고 또 우는 걸까

물풀

빠르지도 소란하지도 않은 여울은
흐르는 시간 이끌고 강바닥으로 내려가
몸 낮춘 순순한 수초들을 어룬다
가닥가닥 흔들리는 수많은 갈래들
하루에도 천 번씩 찢기고 엉클어진다
달빛 한 점씩 백발인 양 머리에 이고

한 번도 뛰어오른 적 없이 숨 쉬는 물풀
햇볕이 든다면 금싸라기 은혜로운 월계관
매끄럽고 비린 유혹의 맛은 오래도록 남아
무안하면 숨죽이고 조아려 꺽꺽 어둠을 삼킨다
죽어도 쉽사리 자리를 뜨지 못하니
그들이 아직 있는지 갔는지 아무도 모른다

걸레

당신 주변 더러운 것들이
미워서 나는 몸을 던져요
끌어안은 것이 내 품에서
고약한 냄새를 풍기기에
당신은 나를 팽개치지만
맑은 물에서 실컷 울게 하고
더러운 것들 떨쳐주지요
언젠가 역겨운 냄새 배고
땟국에 속속들이 절어서
내가 그 미운 것이 되면
버리며 한 번만 돌아보세요
믿기 어려운 깨끗한 마음
사랑처럼 깊이 숨겨놓은 것

바람 없는 나라

나무가 눕는다
뿌리를 놓아주며 땅은 요동치고
물기 없는 모래들 날아 흩어지는 사이
섬 오랑캐 빼닮은 얼굴들
깊숙한 곳으로 자리 잡는다
가지를 힘겹게 쥐고 있던 꽃들은 지쳐
바람 따라 떠난다 조국의 산하를
믿음의 바위 갈라지면
눈물로 흐린 눈동자들
이제 나무를 기르지도
꽃을 피우지도 못하는
고목 뿌리 같은 손등 위로
푸른 아픔이 고이고
바람 없이 날리는 깃발처럼
백성의 하얀 심장이 떨고 있다

여우비 뒤에 서는 무지개

구슬로 꿰어진 유년의 날들
지평선까지 가득 채우던 햇살
불티를 날리며 쥐불 놀던 웃음소리
출렁출렁 넘실대던 가오리연 방패연
총총한 은하수로 날아오르던 꿈들

이제 가랑잎 달리는 호숫길 걸으며
삶의 모든 걸음이 아름다운 여우비 뒤에 일어서는
영롱한 무지개였음을 웃다

꽃과 바람의 길

너의 깊은 침묵, 가지마다 그 자취 심어놓아라
무리로 서슴없이 지는 꽃이여
날아가는 분신을 보며
바람 허리를 부여안고 너의 날들을 알리어라

어제 달려간 바람이 팔을 흔들며 돌아와
품속 다른 손으로 오늘 싹을 틔울 때까지
왜 몰랐을까 나는
꽃 피는 날에도 점점이 박혀 부끄러움 앓던 일상은
미몽의 실수로 디딜 나락에로의 추락
눈먼 자의 두려움으로 웅크린다는 것을

때로는 어둠 속에서 날름대는
불운의 늪 검은 혓바닥도 스쳐 지나고
바람에 차이며 꽃들 방황하는 그 길
어둠길 밤새워 걸어 나온 낮달처럼
그렇게 깊은 걸음으로 가야 한다는 것을

청량한 숲길이 내 안의 빗장을
비끄덕 밀어젖힐 때까지
저 하늘의 푸른 바람과
눈부신 저 햇살의 맥박을 양식으로
나의 아름다운 아픔을 그려야 한다고……

모기

어두운 물에서 뜨겁게 달구어진 너는
날아다니는 사금파리
네가 닿는 살은 모두 피가 난다

너는 태생이 외롭고 목말라
닥치는 대로 피를 섞고 형제를 맺지만
기본이 안 된 이기적 존재일 뿐

너는 남의 따뜻한 피를 빨아 포만하면
차갑게 쇠줄 긁는 소리로 표표히 떠나지
파내고 싶은 가려움은 정복의 표식이냐

아기의 꽃잎 같은 피부를 거침없이 찔러
순결을 짓밟는 너희는 더러운 파렴치한들
온갖 응징과 복수를 펼 테야 분노를 담아

양파

나는 단단한 뼈도 없다

나는 질긴 가죽 껍질도 없다

나는 칼날 같은 가시도 없다

나는 찢어지는 비명도 없다

나는 두려움을 주는 추악함도 없다

나는 상쾌하게 잘리고

나는 겉과 속이 정갈하고

나는 알수록 달콤하고

나는 과일처럼 아름답고

나는 버릴 것 없이 알차고

나는 비싸게 군 적도 없는데

나를 가르고 저미는 너희는

무슨 속죄라도 하는 양 눈물질이냐

쌀 한 톨

한 됫박의 동료를 잃고 홀로 바닥에 흘려져
그대들이 잊어버린 나는 뉘 한 톨이었을 게다
아주 작고 보잘 것도 없는 흐릿한 생명

가난한 이의 한숨에도 구르고
외로운 이의 눈물에도 떠내려
낮고 어두운 땅에서 껍질 찢고
뿌리 내린 나는 모 한 가닥
지구에 돋은 가장 여린 솜털

대지의 젖을 마시고 하늘의 기운을 호흡하며
낮과 밤의 열기와 냉기로 단련해
영글고 철든 나는 벼 한 포기
이젠 내 생명을 그대와 나눌 수 있을 게다

세월이 흐르면 내 자손이 번성해
주린 이들의 배를 채우고
외톨이들의 식어가는 가슴을 데워주며
세상에 꿈이 서는 데
뉘 한 톨이 있었음을 알게 될 게다

끝없이 흐르는 마음

동틀 녘 그리운 님 해 질 녘에 더 보고파

미리내에 총총 박힌 별 무리를 다 헤어도

생가슴 삭힌 술이 동이 가득 그대 향기

새벽

나와 새벽 사이를 가로막던 밤의 장막이
가느다란 빛 한 줄기에 부서지고 있다
나를 위해 내뿜는 소나기 같은 빛살에
멈추어버린 시간처럼 누워있던
침묵의 검은 혀가 일어서고 있다

새들의 수채화

저희끼리 싸우는 갈대숲 바람 안에서
나뭇가지 하나 움켜쥔 들새는
난파선처럼 부대끼며 멀미한다
삶의 시간을 하얗게 태우며
깊은 늪으로 넋은 가라앉고
헝클어진 꿈길은 연기가 자욱하다
번지며 펼쳐지는 수채화의 공간
만년설 넘어 달려온 가슴 콩콩이며
외로운 것들의 깃 쓸어 재우는
새들의 수채화 터치가 따숩다

상수리 숲에 돌아와

가난한 손아귀들이 힘겹게 움켜쥔 호박돌로
상수리나무 허리춤을 때려 열매 털어낸 흔적
화들랑거리는 가지를 놓치고 소리칠 틈도 없이
와스스 떨어졌을 빡빡머리 상수리 열매들은
껍질 벗기고 물에 실컷 불어 맷돌에 갈린 뒤
묵이나 죽으로 또는 붉은 국수나 밥으로 익어
오랜 굶주림 끝에 헛김만 남은 백성을 살려냈지

옛날얘기가 그리워지는 오늘의 깊은 허기
쓸쓸하고 허전하고 으스스한 한기를 덜어내고파
내려앉는 볕뉘를 제 몸에 덮으며 윤기를 바르는 아침

물기 말라버린 나뭇가지의 가느단 등줄기를
투사의 패기로 우죽우죽 기어오르는 벌레들
절도 있게 구부리고 펴는 무수한 몸짓의 박음질
양말처럼 벗어 던진 셀 수 없는 생명의 껍데기들
낙엽을 이리저리 굴리며 어느새 대지를 삼켜버린 겨울

꿈속에 촉수를 벼리며 가슴엔 심지 샛별같이 돋우고
미지근한 체온을 데우는 상수리는 그 열로 겨울을 난다
울퉁불퉁한 상처를 다독여 너울대며
위로의 옷을 기우는 동안
진물은 꼬들꼬들 솔고 아픔은 뭉근하게 잠든다

옹송그린 채 지워짐을 기다리는 너와 나, 우리
푸서리에 떨어진 상수리와 도토리가 맨가슴 비비며 뒹굴다

말로 하는 것은

웃자고 자꾸 말하지 말고
히말라야 빙하처럼
한겨울 햇빛 한 아름에
고스란히 녹아내리는
얼음강의 가슴으로 웃자

사랑하자는 말 앞세우지 말고
한여름 흔들리는 둥지
쏟아지는 장대비 속에서도
우주를 끌어안듯
알을 품어 안는
새들의 마음으로 사랑하자

겨울 가고 꽃 피기 시작했다

가죽 냄새 나는 낡은 지갑

가죽 비린내를 풍기는 당돌함에 넘어가
질긴 야성으로 내 욕망을 섬기게 했지
잦은 욕구만큼 셀 수 없이 발라내는
손끝이 독했을까 낡아버린 가죽 지갑

두둑한 지갑을 노리는 자에게 쫓기던
깊은 밤 수은등 빛 아래 창백한 골목길
웅크려 숨죽인 순간의 긴박했던 심장 박동
차가운 도시의 체온과 무심한 지갑의 무게

이제 우정의 시간도 야성의 매력도 떠나
잎새 진 자리마다 허공이 들어서듯 갈피 비우고
곁가지 하나 없이 헐벗은 나무처럼 단출해져
허허로움 손잡고 골 깊은 욕심의 끈을 놓는다

국화는 어려운 누이

내 향기 속에
가을이 깊게 배었다면서
목쉰 울음만 자욱한 그런 곳에
날 종일 세워두는 건 무슨 까닭이냐
가라앉는 공기엔 먼지처럼 건조한
허무함들 그리고 슬픈 단어들
내가 그것들을
마셔버리기라도 해야 하느냐
사람들마다의 가슴에서
부스스 일어나
저승으로 떠나는 영혼들 배웅이
내 사명이기라도 한 것처럼
나는 너희의 작별을 지켜보고 섰다
내 향기가 쓴맛으로 되었음을 아는
많지 않은 사람들은
고개를 떨구고 걷는다
국화 향은 참 아리구나 생각하며
한 아름 꽃다발을 이루어도
언제나 한 송이처럼 쓸쓸해 보이는

차가운 침묵의 느낌

국화는 어려운 누이 같구나

깨달으며

어레짐작

처음,
실바람이 살갗을 스칠 때는
그저 아슬아슬 매달린 가랑잎 두엇 데리고 갈
은밀한 속삭임인 줄 알았지요

후두두 떨어지던 빗줄기가
비틀거리며 취한 듯 사위를 할퀼 때는
간신히 매달린 까치밥마저
집어삼키련다는 절박한 속내를 느꼈고요

그러다 어느덧
가랑잎도 홍시도 떨어져
빈 허공만 휑뎅그렁 남은 이제
비로소 알 것 같아요

절벽의 끝을 물고 매달린 사람은
가녀린 신음조차 낼 수 없다는 것을

하늘에 빛 칠하는 불 그림

버려진 장롱이 비에 젖고 있다
한때는 보송보송한 속살도 있었다
소중한 것들을 당연하게 품었다
잠결에 부끄러움의 빗장 떨어져버렸다
소음과 먼지가 맘대로 드나들었다
빗물에 내어 불리면 씻어질까 싶었다
살이 된 묵은 때는 들에서 비를 맞는다

톡톡 우두두둑 툭탁 우당탕탕 탕탕탕

버려진 장롱에서 살 오른 슬픔이 나왔다
꾸무럭거리는 검고 털 난 아픔도 나왔다
말라 각질처럼 바수어진 희망도 나왔다
반들반들 윤이 나는 긴 어둠도 나왔다
꼬깃꼬깃 구겨 박힌 무지개도 나왔다

땀과 피 흘리면 죽었던 우리가 살까
촛불이 파도 되면 언 가슴이 녹을까
뜨거운 눈물 강이 되면 어둠 씻어질까

쓰나미처럼 내달리는 꿈의 너울이 있다
바람 몰아쳐도 꺼지지 않는 촛불이 있다
하늘에 빛 칠하는 커다란 불 그림이 있다

변곡점에 서

침묵의 고요한 진동으로
떨어지는 꽃잎들
나뭇가지를 튕기거나
서로 부딪고 포개고 비켜나
사뿐한 착지 동작들이 섧다
온종일 눈처럼 쌓이면
훌훌 떠나리라던 설렘을 접으며
멈칫거리는 삶의 굴렁쇠
모진 바람 비가 세차도
마음 담은 한마디 끝내 못해
재 되어 굳은 가슴 풀어 헤치며
풀잎 흔들리는 낮은 허공에
다시 꽃으로 핀다

속내 지움

잉걸불 이글거리는 서슬로
영혼을 태우는 열병의 심지
한숨으로 날 벼른 칼날로 끊어내고
먼동 트면 녹아 흘러 내로 스미는
겨울의 가슴처럼
강물 따라 굽이치며 바다로 달려야지
지금은 사랑을 놓을 때
아니면
피를 뿌리며 떠나는 사랑
다시는 볼 수도 잡을 수도 없기에

날 수 없는 새의 비상

땅의 어둠으로 저녁놀이 배어든다
선혈이 붕대에 스며들듯
날 세운 발톱과 부리
먹이를 찾는 저공비행 수리에게
날개 다친 어린 새는
한 입 주전부리에 지나지 않을 터다

구멍이 촘촘한 밤하늘 천장에 빛이 새고
푸른 연기가 불길한 운명처럼 흐른다
양 끝을 허공에 걸고 손톱 모양 매달린 초승달
가물거리며 잔영이 물러간 후에도 오래
파닥이는 새의 아픔은 그치지 않았다

날 수 없는 새의 서리태 콩 같은 눈동자는
물속에서 첨벙대며 뛰어오르는
물고기의 눈동자와 닮았다
해저 화석으로 잠든 전생의 기억들
뼛속 아픔에 희미하게 살아나면
해조류의 흔들림처럼 떠올라 올라
별빛 새어드는 하늘의 구멍으로 새어 나간다

파리

내 눈에 네가 걸려드는 순간
내 안의 촉수는 곤두서고
찬란한 이별을 벼른다
빛보다 빠른 손길
헛되이 하고 너는 상념의 속도로
비킨다
소멸의 두려움에 너는
파르르 떠는 날개 밑으로
파리한 공포와 비겁을 숨기며
오히려 비아냥 같은 과장된 몸짓으로
목숨을 구걸하는 시늉 싹싹 빈다
나의 노기는 너를 바람벽에 발라놓고야 숙어지고
잠시 너의 일생이 나보다 더 자유로웠을까 생각한다
너, 어두운색 얼룩으로 남은 파리야

어린 풀의 날

보드랍고 여린 풀 한 포기
눈부신 봄날 꽃비 떨어질 때
김매는 손에 뽑혀 검정 비닐에 담겼다
매끄럽고 포근한 비닐 봉투 속에서
아무것도 모르는 어린 잡초는
감사하며 행복해하였다
튼실하게 자라서 제법 큰 포기가 되면
사랑스러운 어린 염소들 먹이도 되어주고
농부들 새참 때 방석도 될 수 있겠지
노래 좋은 들새들 알도 고이 품어주고
가장 약한 벌레들 보금자리도 돼야지
검은 비닐봉지 안에서 뜨겁게 말라가며
어린 잡초는 행복한 꿈에 취했다
자신을 세상에 내신 분께
진심으로 고마움을 보내며

달 속의 숲새

스스로는 밝음을 내쏠 수 없어
태양의 눈부심을 꺾어 비추는 진주색 달빛이
산맥과 계곡을 지나 얼음 숲에 이르면
숲새 울음소리 흩날리는 거기
고요의 바다가 있다

실개천으로 흐르다 폭풍의 바다에서
안개가 되는 눈물을 숲과 새들이 마시고
노래로 뱉어낸다

태고의 먼지가 색색 별로 태어나는 먼 뒷날
고생대 어디쯤 사람의 발 닿지 않은
우주의 어느 언저리에
어머니는 계실까

촉수로 더듬어본 기억의 유적 그곳에
번득이는 칼날처럼 창백하게
은물결로 너울거리는
구름의 바다

갈앉은 먹빛 구름 위 무한 허공과

배롱나무 꽃잎으로 수놓은 저녁놀의 상처

휘영청 달무리를 베고 잠들면

비로소 내 안에 오롯이 고이는

하늘마음

짝사랑 1

하릴없이 내 창을 두드리고
흔적을 감추는 빗방울들
가닥가닥 모여 흐르면
얼마나 먼 길 어디로 가나
어느 내 어느 강 흘러 어느 바다
깊디깊은 뉘우침의 물결마다
별들이 부서지고
아직 한 조각 바람마저
놓을 수 없어 지울 수 없어
가슴을 치는 파도
끝없는 뒤척임의 삶이야

짝사랑 2

이유 없이 내 옷깃 들썩이고
무심하게 가는 저녁 바람
굽이굽이 돌아 달리면
얼마나 먼 길 어디로 가나
어느 들 어느 골 솟구쳐 산마루
높고 높은 그리움의 한숨마다
꽃들이 떨어지고
아직 한 가닥 미련마저
버릴 수 없어 접을 수 없어
할퀴며 가는 바람
쓰라린 기다림의 삶이야

꽃말

때로는
갈바람에 휘날리는 금빛 사자의 갈기

가끔은
실바람에도 무심으로 흐르는
가녀린 향내 또는 속삭임

어쩌다간
활활 사르는 눈부신 불길의 치솟는 갈망

또는
한 줌 재로 소멸하는 짧은 시

꽃말은
누군가의 손자국

오로라 꿈

북극 하늘을 치렁치렁 커튼처럼 둘러친 오로라를
나는 어제도 꿈꾸었다 날마다 당연히 그러하듯이
또 일상의 그물을 벗어나 그 안에서 날다가 나는
비탈을 미끄러져 내려 끝내 과거로 곤두박질친다
해를 띄우기 위한 새 꿈 재부팅이 시작될 때까지

서릿발이듯 싸늘히 식었다 펄펄 달아오르는 본체
약속과 번뇌와 섣부른 일들의 굴레를 벗어보려면
이 작은 네모 세상으로 들어오시라고 알랑거리며
사이를 잇고 여는 그물망이라 꾀는 무덤구덩이
은밀한 계략과 엿보기, 벽 뒤의 교활한 공유 마당

모니터 위에 쉬지 않고 도는 바람 없는 바람개비
한 점 흔들림, 비틀거림도 없는 가공의 그림자들
안갯속 더듬으며 울렁이는 인생 알 리가 있을까
그렸다가 소리 없이 지우며 한숨으로 뱉는 신음성
커튼콜 없는 '종료' 닫으면 어김없이 열리는 먼동

그 안쪽은 네티즌, 나는 바깥 오프라인의 시티즌
오로라 같은 전자파 장막의 미로를 허우적거리며
대지를 덮은 아파트 벼랑 사이 힘겹게 흐르는 꿈
난무하는 허상들은 새의 피 묻은 부리를 닮아가고
야윈 새벽 홀로 비척이며 오르는 속죄의 비탈길
골고다 아픈 언덕엔 희망이 아직 남아 서있을까
한낮을 덮은 어둠 위로 소나기처럼 내리는 흰빛에 눈먼다

맨드라미 속을 보다

사랑이라 말하지 않고
님뿐이라 말하지 않고
온 마음이라 말하지 않고
힘을 다했다 말하지 않고
그냥 묵묵히 작렬한 심장
대궁에 꽂아 볕에 굽는다
맨드라미 속까지 익는다
외로워 돋아난 소름 안을
가득 채워 흐르는 미리내
속속들이 영근 맨드라미
바람이 호호 불어 식힌다

단감

툭!

내 발끝에 떨어진 단감 하나
마른풀로 도르르 굴러가기에
불붙을까 얼른 집어 들었다
이글거리는 불덩이 같아
두 손으로 감싸 드니 등잔불처럼
가슴 밝히며 일어나는 어린 날
엄마의 야윈 뺨에 볼 부비며
뽁뽁 소리로 퍼붓던 입맞춤할 때
들큼하게 맡아지던 홍시 내음
창백하게 야위시던 그 손길이
아파

차마 먹을 수 없네

불영계곡 스케치

해 돋는 동해 바다 파도 소리는
돌아오라 돌아오라 쉼 없이 재촉하다
숨 가쁘게 넘고 돌아 천축산
부처님 그리매 드리운 불영 골짜기
산태극, 물태극 흐르는 물길 따라
안으로 깊게 깊게 들어가다

수백 년 풍우한서 함께 늙은 소나무 숲
청정 비구니의 어여쁜 수행을 굽어보며
솔잎 향 미소 흘리다

산안개 자욱하여 나그네의 걸음을 붙잡고
하얀 허공으로부터 날아온 새끼 풀벌레
찰나의 선잠이 달다

둥실 용의 허리 감아 오르는 메밀꽃 구름
선류정의 선녀며, 산인이며
세속을 한 자락 묻혀 온 길손이며
신선계와 속계가 어우러진 공간

감격과 소회와 욕망과 허심이 교직하는 시간
넋을 놓고 한숨 쉬다 쉬다

어느 왕후의 꿈속에 나툰 불영사 스님처럼
세상의 등불이 되고파 달래며
마음 두고 몸만 하산 길에 서다

별을 향해 쓰는 시

허망한 세상 무너질 듯 불안해도
제단 위의 순한 양 눈망울로
어미의 지극한 다사로움 품고
뭉클한 핏빛 시를 쓰라, 별을 향해
짙은 어둠 헤치며 가는 달도 만나고
바람 찬 들판 뒹굴던
너희 영혼도 돌아오면
하얀 겨울날 서기 가득한 속에서
젊음의 뛰는 맥박으로 아침이 밝고
우레와 번개, 세찬 빗줄기에 떨던
푸른 입술의 아이들
빛 속에서 분연히 일어서게

침묵의 말

네가 가슴속의 말들을
침묵으로 뭉쳐
숱한 자갈 무더기를 만들면
그 안에 갇힌 네 마음은
석회석이 되어 갈앉고
아무 데도 쓸데없이 우두커니 남아
너의 눈물 흘러내릴 때
조금씩 녹아내리겠지만
긴 세월 네가 아쉬워할 건
그때 침묵을 깨는 한마디 말
참 조용한 그 한마디

서울, 나의 별

서울의 첫 밤, 별 하나
꿈결처럼 내 위에 떠있었지
가난하고 힘없는 이들도
저마다 머리 위엔 별 하나

고단한 나날 속에서 어쩌다
다디단 안식이 깃들 때면
발등에 내려와 그 별도 쉬지

사랑초 흔들며 헤살하는 바람
흘겨보며 빛살 둘러쳐주는
오늘도 내 머리 위 별 하나

시가 흐르는 강

무거운 침묵으로 갈앉은

검은 늪을 박차고

거미줄처럼 끈적이는 안개 너울 헤치고

새벽은 포르르 날아오른다

잠에서 깬 감성을 벼려 촉을 세우고

찰랑찰랑 목까지 찬 그리움을

길어

그대에게 쏘아 올릴 화살을 담근다

날마다 멈추지 못하고 그치지 못한 화살들

황량한 내 안의 들판

긴 강을 이루어 흐른다

시가 반짝이며 흐르는 강에

수초의 주검처럼 떠가는 망념들

구름 그림자로 덮는다

결심

바람에 불려 날아가거나
티끌처럼 흩어지는 것이 아닌
허공을 그러안고 떠는 가랑잎의
주저주저 망설임이 아닌
미련 없는 동백의 낙화처럼 분명한

언제였나
생각은 파도처럼 너울대고
미련의 끄나풀 질겨
골목 안 어둠 속 돌아보던 때
내 눈 속으로 돌진해 들어온
함박 눈송이
눈물 되어 소멸해 지워지듯
돌개바람 불어와 번잡한 속 뜰
한 번 휘저어 씻어가듯
단호하고 돌이킬 수 없는

부표들의 중심

싸락눈이 푸슬푸슬 부서져 날린다
얼어붙고 메마른 땅껍질 위를 구르며
밝아오는 새날 더디게 밀어내는 듯

시끄럽고 어지러운 세상 위 회색 하늘
서둘러 초연히 헤쳐 나아가는
저 새들은 누구의 부름을 받은 걸까
멀미와 두려움 빗질해 재우고
내 가슴 열며 스치던 정갈한 손길

돋을볕에 얼음처럼 녹아버리는 달은
어둠을 닦아 길을 여는 누이의 흰 손
흐벅진 눈발이 일렁이며 내려온다
수많은 부표가 허공을 자욱하게 메우며
나서려는 모든 길을 자꾸만 덮으며
제자리서 그냥 세상을 바라보라 잡아 앉힌다

너무 힘든 몸부림 이제 조금 쉬라고
시위가 끊어져라 이 앙다물고 당기는 긴장
잠시 그대로 내려놓고 꿀물 같은 평안에도 젖어
가볍게 흔들리며 떨리는 부표 한가운데 멈추면
대못 친 듯 흔들림 없는 그곳

또 바람이 불고 세상을 가득 덮은 부표들이
서로 부대끼며 흐느끼는지 춤추는지 떠는지
스산하게 흔들리며 떨어져 내리는 위를
그림자처럼 아득히 새들이 날아 날아 나아간다

참 소소한 기적

참 고마운 일이네요!
님을 태우고 차갑게 철컹거리며 떠나
보이지 않게 멀어지던 기차가
떠나간 그 길로 다시 달려오는 것은,
올 길 없는 갈 길로 사라진 게 아니라
간 길이 오는 길임을 잊지 않고

참 고마운 일 아닌가요!
서러움이 녹아내려 눈물 강이 되고
그대와의 모든 행복 떠내려가버린 날
내 가슴 다시 더워지지 않고 웃음도 없더니
가슴에 울리는 그 발걸음마다 등불을 켜듯
추억을 담아 올리는 기쁜 눈물 하염없어

사랑초

꽃이 된 슬픔 하 깊고 애잔해
작은 가슴에 다 담을 수 없기에
누르고 덮어도
미어져 나는 그리움
마주하는 사랑은 너무 힘겨워
병 깊은 넋
뼛속의 아픔은 서릿발처럼 시리고

그대의 푸른 휘파람
허공 질러 들려오면
아픈 돌밭에 뿌리박힌 사랑초
는개에 세수한 나비 된 듯
꽃송이 터뜨리며 하늘까지 솟구치겠네

시의 탄생

불쑥불쑥 막아오는
벽들과 천장에 부딪혀
후둑후둑
부서지던 문장들
막다른 구석에서 날아오른
거울 조각 같은 어휘들
시가 되다
마음 누르던 돌덩이
저 멀리 밤 너머 사라지고
그곳에서 불어오는
새벽 금빛 바람
휘장처럼 둘러서다

개미의 길

탐욕의 병졸들 손에 끌려
뭉떵 잘려나간 소나무 살 속으로
대침처럼 박히는 빗줄기들
설익은 채 떨어지는 푸른 삶의 꼭지들
구멍 숭숭 뚫려 유년의 젖줄도 끊어졌다

비 그치자
노을이 꽃물처럼 번진
죽음의 초목 위를 안간힘 달리는
개미는 텅 빈 생의 바퀴를
언제까지 돌아야
발바닥의 혀들을 피할 수 있을까

내 안의 호수

호수의 물비늘을 햇살이 종일 두드린다
반짝이는 물결 틈에서 풀려 나온 물감
깊은 초록 안에 시퍼렇게 멍이 든다

장미 넝쿨 위를 요리조리 날며 까치는
고양이를 제 영역 밖으로 몰아낸다

호숫가의 그 사람을 찾는 눈길엔
먹이에 빠져 무념으로 할끔거리는
고양이의 뒷덜미만 자꾸 보인다

내 안의 호수에서 황금잉어는 **뻐끔뻐끔**
조각구름을 맛있게 뜯어 먹는다

새벽으로부터

아침 이슬로 몸을 적시며 사냥꾼 닮은 너는
깊이 숙인 풀잎에서 생명의 고향 냄새에 취하고
소리 없이 흐르며 표정 없이 부스러지는
세월의 발소리에 귀 열리게 되리

하늘에 걸려 고양이처럼 숨죽여 웅크린
갈고리달의 곤궁한 허기와
망루에 높이 누워 나무 난간 틈으로 삐져나오던
보름달의 넘치는 풍요도 너는 알게 되리

동틀 녘이면 한숨 들이켜듯
잠잠히 날리는 초록 바람의 내음
한 떨기 들꽃 같은 너는
횡포한 탐욕의 군대에 쫓겨
살 곳을 빼앗기는 쓰고 신 눈물도 마시게 되리

산비둘기에 묻어 온 푸르른 희망

울어 지친 빈 가슴에 자라는 외로움과

무심하게 어룽지는 빗물에

아련한 할큄으로 스치는 그 마음으로

살게 되리

백로에게

끝 모를 무한 허공 날고 날아 지친 백로
비바람 속 헤치면서 구하는 바 무엇이냐
찬 빗줄기 추적이는 하늘가는 어스름 녘

젖은 깃을 말리고자 볕뉘 그려 목을 뽑고
후줄근한 갈밭머리 옹송그린 백로들아
이제 그만 둥지 틀어 다사로이 쉬어보렴

우리가 죽은 후에 행여 새 삶 받는다면
두려움과 굶주림은 훌훌 털어 뿌리치고
멍에 굴레 벗은 평온 진정으로 살고자

화성의 깃발

레이저 빔처럼 곧고 좁다란
인간의 지성이
나노의 극세한 제어 속에서
하늘과 땅을 재단하고 분해하며
단념할 수 없는 코스모스의 정연함
신의 정원에 틈입하다

적막과 고독의 화성에
뜨거운 입김 불어 올린 불 가슴 지구인들
무한의 아득함 속에서
혈관에 흐르는 온기를 옥죄는
빙괴에 포위되어
꼬들꼬들 마른 밥 같은 미라 된다면

우주의 한 점으로 갈무리된
그들의 마음과 꿈
지워지지 않는 그림자로 남을 수 있을까
푸른 별에 남길까

먼 어느 시간쯤엔
블랙홀의 아구리에 삼켜질 지구
그리고 태어나지도
빛나지도 못할 중음의 별들

은하의 차가운 고독이 풍선처럼 부풀어도
캄캄절벽 우주 어느 공간에서
홀로 나풀대고 있을 가없는 인간의 꿈이여

파랑새의 날들

옹지고 감감한 조롱을 비집고 벗어나
아픈 나래로 솟구친 허공, 천 갈래로 흩어지는
팍팍한 삶의 회한 별똥처럼 길게 곤두박질하다

그리움 재우려 새긴 그 이름도
기다림으로 밝혔던 그 등불도
창백하게 사윈 먼 훗날의 아침

아직도 담장 너머 바람에 설레고 있는 능소화

대지에 뿌리내린 전생의 파랑새
솔 내음 머금고 움트다

씨디 플레이어 같은 대합실

바위 속처럼 적요하고 완고한 침묵이
달각 열리면 알록달록 온갖 잡동사니
왁작 쏟아놓듯 깨어나 와자그르르
바람 흐르고, 따라 일어나는 소리

씨디 플레이어와 같은 대합실에서
음색과 음정과 길이가 저마다 다른 소리들
시간마다 실타래 같은 화음으로 살아나
마주치고 끌어안고 때론 서리서리 엮이다

외로이 웅크린 나그네 스쳐 가며 울다

대합실 벤치 위에서 기다리는 선율들
웃음과 눈물, 위로와 노래가 남실거리는 물결
경중 걸음으로 멍울진 소리들 팔딱거리다
춤추고 내닫고 때론 끊어지고 흩어지고
기적 소리, 가슴에 물을 부어 깨우다

먼지처럼

작은 틈새라도 찾아들어 쉬고 싶다
아무도 나를 함부로
들쑤시고 부추기지 못하게

그래도 부질없는 망념들 바람처럼 드나들며
깊은 잠을 흔들겠지

동녘이 밝아오면 다시 먼지처럼 날아올라
햇살이 닿으면 부리로 톡톡 쪼아 부서지듯
빛 부스러기 되어 다른 세상 다 돌아보고
내려앉아 깊은 잠 다시 잠들어도 좋겠다

새장 속 여린 새

넓은 하늘 쏘다니는 푸른 새라도
마음의 문 호리병처럼 좁디좁아서
눈 밝은 햇살이 전해주는 속닥임과
귀 밝은 바람이 실어 온 노래와 얘기들
뼈가 시리게 청량한 은빛 폭포의 체온을
가슴 가득 채우고 그리워할 수 없다면
한평생 제 그림자만 보며 사는 화장한
새장 속 여린 새보다 무엇이 나을까?

땅과 하늘 사이 흰 강을 건너

가뭇가뭇 검버섯 핀 하늘이
백발을 휘날리듯 눈을 훌뿌린다
하늘에 닿는 마고할미의 살비듬처럼

자유를 얻어 꽃이 된 하얀 탄식들
갈앉아 더께더께 무겁게 쌓이고
황량한 들 햇솜처럼 덮는다

얼어드는 마음 허공에 띄워 흩으며
부질없이 뒤적이는 지난날들
흰 눈으론 나그네 가슴에 내리는
새파란 어둠을 덜어낼 수 없어

멧새 나래짓 소리 하나 없는 침묵
문득 스쳐 지난 것이 솔향기였나?
주린 노루는 그새 제 흔적을 새기며
기웃기웃 비틀거렸다

이대로 끝없이 눈이 덮이면
우리네 아픔도 설움도 바람도 묻히겠다
땅과 하늘 사이 이 흰 강을 건너
봄 햇살처럼 환한 내 어머니의 품에
안길 수는 있을까?

눈 내리는 날이면 시를 쓰곤 했어

눈 내리는 날이면 시를 쓰곤 했어
흐린 납빛 구름 조각들이 나를 덮어
내 눈 가려 보이지 않는데
사다리처럼 곧은길 혹은
구름처럼 울퉁불퉁한 길이 허공에 있어서
눈 시리게 눈이 휘날리며 쏟아지는 날에는
더욱더 내 감성의 날개를 펼쳐
우줄우줄 날아다니다가
깊은 강을 자맥질하고 헤엄도 치며 나는
한 편의 시를 쓸 수 있었어
그것은 비 그치고 난 은빛 구름에서 뚝뚝 듣는 싱싱함으로
은빛 연못이 내 안에 스며들게 했어
한때는 안쓰럽던 눈의 단명한 영화여……
그대 없이는 한 줄도 쓸 수 없었을 날들
눈처럼 날아왔다가 재처럼 훌쩍 날아가는 동안
내 날개 아직 꿈꾸는 동안
차가운 열정으로 만나 잉태한
우리들의
시

얼음 같은 마음

사랑이 강물처럼 살아 흐를 때
그대 떠나라
차라리 지금이 떠나갈 때
이 사랑이 식으면
피를 뿌리며 떠난들 모르리
돌밭에서 사랑초는 뿌리 마르고
삭풍 할퀴는 이랑에 새순은 돋지 않아
아픔이 너울처럼 일어설 때
그대는 나를 잊으라
환몽 같은 사랑에 망연한 여인이
백화만발한 꿈을 놓고
으스름달 아래
고단한 몸 누이는 날까지
내게 남은 그대는 없다

나뭇잎 하나

얇은 나뭇잎은
공연한 욕심으로
목마름을 키우진 않을 거야

하늘도 땅도 아니며
하늘과 땅이기도 한
허공에 달려
가지 하나 붙잡고 흔들리다가
때로는 바람의 시비에 걸려 맞고
언젠가
한바탕 곤두박질로 떨어지겠지만

인연이 다하면
그저 바닥을 구르며
가볍게 춤추고
그도 지치면
누워 죽은 듯
그만 쉬어버리지

마음

처음엔 그냥 강가에 나가
아무 생각 없이 앉아있기만 했지요

잔물결 일으키는 강물을 보며
그저 스쳐 지나가는
바람의 자취거니 했습니다
새들은 무심하게 날고
풀들은 공연히 뒤척임을
물끄러미 종일 바라보았습니다

그러다
노을빛으로 달아오르는
포도주 같은 강물을 보며
비로소 알았습니다

내 마음은 종일토록 서성이고 있었음을
출렁대는 이 마음이
끝없이 물길을 휘젓고 있었음을

슬픔이여

밤낮으로 흩날려 내리는 꽃비
너는 세상 눈부신 봄날 무슨
떨어낼 설움이 그리 많더냐?

차가운 가을 채찍 아래 떨어져
부서지는 신음조차 누르며
이리저리 몰리는 피맺힌 가랑잎들
한 삶이 온통 아픔이더냐?

모자람 없이 채워주던 단비
그칠 줄 모르는 너의 투정과 생떼
보듬어 재워주던 볕과 바람
너의 머리 위에서 눈 떼지 않고
지켜보고 귀 기울여주는
사랑 가득한 가슴이 있음을
알지 못하여 고여 넘치는 설움
맵고 짠 눈물
슬픔……

가지 못한 길

가지 못한 길에서 불어오는 바람이
은혜로운 성자의 손길로
내 독방의 정적을 노크하면
때로는 몽롱한 의식의 숨결 따라
새들 지저귀는 숲길 깊은 안개 헤치고
너울의 둥근 충동에 솟구치는
물고기의 언어인 양 기도하며
바람이 뱀처럼 엎드려 기어 오는 날에도
가지 못한 길에 쌓인 눈 또는 가랑잎 흩날리고
햇살 입어 금빛 꽃들 돋아난 가지마다
하얀 소망이 묻어나 하늘에 닿았다

담쟁이 넋

눈금을 하나하나
짚으며 가듯
보이지 않는 물기
한 점 놓치지 않고
작은 손으로 움켜쥐며
오르는 담쟁이넝쿨
쏟아지는 우박에
묵묵히 찢기고
끌어내리는 빗줄기에
손 놓지 않아
하늘로 가는
수직의 삶에서
우리는 고독의 무리
푸른 달빛을 입은
수도자의 열정

계절 앞에서

자꾸만 돌아서는 여름 뒤에
기다가 걷다가 그래도 가을이 왔다
아직도 거두어 가지 않은 세월의 뒤끝들
잎 지는 나무 아래 서
파르르 떠는 잠자리 날개 너머로 하늘을 본다
떠나온 곳으로 돌아가는 설렘처럼
가벼운 넋의 투명한 숨결이 졸고 있다

긴 겨울, 잠을 덮어 다독이는 손길
땀으로 흥건한 하루 견디느라 애썼구나
부르쥐던 주먹과 앙다물던 어금니도
이제 스르르 풀고 향기로운 풀 내음에 취해
무념의 침상 뭉게구름 위에서
부드럽고 달콤한 꿈 꾸며 쉬려무나
아름다운 계절들이 못 견디게 유혹할 때까지

윤슬 같은

산발한 안개의 숲 지나면
험산 준령과 깊은 물
갈맷빛 그리움의 가지에
너울대는 상념들

선잠결 꿈속에선 바람 울고
꽃비 주저앉더니
한 입 꿀꺽 어둠 삼킨 햇살이
먹구름 베어 물자
벽 열리고
상상이 날다

윤슬 같은 나날

가방에 담긴······

비밀번호 꾹꾹 눌러 가방을 열면
촘촘히 누운 서류들 사이
한 방울 선혈처럼 발갛게
인감의 붉은 약속이 마르고 있다
흔들리는 줄 위의 곡예사처럼
위태로웠던 잔양 거두고
아버지, 심장을 멈추신 날

목구멍을 통과한 음식물들이
한 몸으로 이어져 하나의 저장고에 모이듯
쏟아낸 것들도 다시 모인다
출렁대는 큰 순환의 둥근 모습이다
삶의 비밀을 삼키고 다시 침묵하는 가방처럼

믿고 싶은 것

이 추운 날들이 지나면
미련의 더께 갈아엎은 자리에
어린 풀잎들 살몃살몃 일어서는
봄날들 올 테지요

팍팍한 흙덩이 속에서도
꿈들 돋아나고
물처럼 흐르는 세월
그냥 보내는 굳은 가슴도
난생 첫 술잔에 풀려
나긋하게 문 열 테지요

입가에서 뱅글뱅글
노랫가락 아지랑이로 피면
무거운 정적 밤이 지나고
들꽃 향기 머금은 이슬처럼
맑은 사랑도 할 테지요

시의 실종

무념과 침묵을 맺는 나무
무성하기를 빌었다
될성부르던 그 나무
지난 장마 장대비가 파내어가고
가슴에 크낙한 구덩이만 남았다
어디로 쓸려 가도 행여 뿌리 내렸을까
오가는 바람마다 붙들고 물어도
바람은 묵묵하게 제 길을 재촉할 뿐

바람 난 우산

태풍의 발길이 물비늘을 세우는 강변
바람 따라 떠나려 몸부림하던 우산이
드디어 내 손아귀 벗어나 날아갔다
짝사랑이 이루어진 듯 구르고 날고
뛰고 부딪고 찢어지고 부서지더니
살만 남아 곤두박질쳐 거꾸로 박혔다
앙상한 뼈마디 뒤엉킨 사이를 장대비가
홍두깨 춤사위로 뛰놀며 분탕하더니
바람 함께 흐느끼며 느즈러져 누웠다

바다를 꿈꿈

노란 하늘과
벨벳처럼 부드러운 청록 바다
꿈을 꾸며 꿈임을 알아차렸다

꿈이 꿈을 불러
꿈속에서 또 꿈을 만나는 꿈
물방울로 엮은 장막을 젖히고 나는 들어선다

맞부딪는 물결의 거친 포옹 위로
떽데구루루 떨어져 내린 하늘 조각들

넘실대는 물의 꽃
쌀알처럼 부스러지고 흩어지며
쏟아지는 햇빛을 튕겨 올리는 끝없는 작업
바다도 나도 몸을 떤다

꿈에서 돌아와 이제 다시 보는 잠든 바다
몽롱한 의식은 물보라에 씻겨 청명하고
암초의 등뼈에서 밀려 올라온 하얀 등대
어둠에도 눈이 부셔 보이지 않는 꿈
바다는 꿈을 꾸며 빛을 뿜는다

겨울이 지나가는 마음

심술통처럼 웅크려
마음의 물길이 막혀있던
때가 있었다
강 위를 날아온 새들의
물방울처럼 투명하고 영롱한 지저귐이
애련하게 삐걱거리는
좁은 문틈 비집고 들어와
내 안에서 다시 강이 되었다

허공에서 얼어붙은 내 노래가
고드름이 되었다가
방울져 눈물 떨굴 때까지
안으로만 빗장을 지르던
날이 내게 있었다

지상의 온갖 형상들을 휘감아 숨겨버리는
안개의 휘장을 한 겹씩 벗겨내면
다시 흐르는 내 안의 소리
납작 엎드린 채 홀연 깨달았다

아주 작은 틈새로도 비춰든 햇살처럼
가볍고 창백한 우리들의 노래는
어느 낯선 강줄기들 위로도 날아오를 수 있음을

내 어머니 사랑의 이력

사막에서 달구어진 모래알처럼
밤낮으로 셀 수 없이 뒤척이며
뜨겁게 끓어오르는 가슴속 열기
열병의 토굴 속 마다 않고 오시어
땀 젖은 진자리 갈아주시는 어머니
정성 어린 손길이 생시 같다

불볕 아래 익어가던 긴 날들 보내고
이제 겹겹이 누운 볏단을
이른 첫서리가 시원하게 품어 재우듯
미열 식혀 편안하게 다독여주시려고
솟구친 잉어의 비늘에서 찢어지는 빛살처럼
눈부시게 밝은 등불 들고
꿈마다 오시는 내 어머니

천국의 꽃길마저 반들거리게 할
그침 없는 사랑의 이력

새벽에 편지를 쓰리

총총 별빛이 쑥스러워
새벽에 편지를 쓰리
그대와의 추억들 알알이
물안갯빛 촘촘한 주렴을 엮어
누리 가득 퍼지는 여명에 띄우려

산 그림자 드리우는 어느 아침엔
새들과 달리며 가랑잎도 밟으리
얼굴 가득한 주름마다 이슬을 달고
만선으로 돌아오는 어부처럼
함박웃음 파도에 일렁이며

새들의 마을

훈풍의 빗질이 호숩다고

간지러운 이파리들 호도독거린다고

소름 돋아 자지러지는 숲

밤새 잠꼬대 들리던 둥지마다

우수수 음표들 웃으며 떨어지다

모래알처럼 뿌려지는

햇살을 딛고

어린 새들 하늘을 달리다

봄 향기와

현악 합주를 배달하다

서울은 바다

서울은 바다다
뜨거운 삶의 바다
온갖 꿈의 바다
배달겨레 영원한 역사의 바다
우리의 수도 서울은
끝없는 사랑과
식지 않는 열정과
지치지 않는 힘들이
하나 되어 출렁이며
새로운 생명을 빚어내고
새로운 시간을 열어가는 바다다
너그러운 양보와 따뜻한 배려가
가슴마다 가득한 사람들의 바다다

흑심

나 이제부터
내 아이디를 흑심이라 할까 부다
새까만 마음
단단하게 뭉쳐서
윤기마저 튀는
석탄처럼 터프하고
흑요석처럼 요염한
어릴 적
몽당연필의 그 속심
가슴을 쥐어짜 묻혀내는
작은 눈동자
바닥이 보이지 않는 심연
나 이제부터 흑심이라 불러라!

너에게

너 떠난 그날
잠자던 바람에 아픈 날개가 돋고
수은등은 빗물을 밤새워 빗질하던 날
방황의 날들을 거두어 묻었어

바다로 달려가는 몸짓
세발낙지의 여리고 부질없는 몸부림으로
시선을 던져 바라보았던 그 하늘
너 가던 그 밤엔 별도 없었지

허공에 걸린 내 시름의 얼룩들이여

너 이제 돌아와 다시 본 하늘은
주체 못 한 백일홍 연정일까
끝 모를 번뇌 선혈처럼 타오르고
세상 끝을 돌아오는 미련의 그림자

가랑잎 살이

야윈 몸이 찬바람에 떨어져도
비에 젖어 흐늘흐늘 넋이 풀려 내려도
폭풍 속엔 목숨 걸고 가지에 매달렸고
농익은 볕 가을날엔
눈부시게 활활 타오르기도 했지

세월이 흐르고 흐르는 무심한 시간
푸른 날들의 모든 자랑도 사랑도 덮고
바래고 휘말린 몸 바람이 끄는 대로
대지를 떠돌다 돌아와
어머니 품에 안긴 후에야 솜 같은 평화여

서해의 밤

달도 별도 없어 깊고 푸른 천궁
어디 장삼춤 한 자락처럼 은하수가 흘렀을 아래
솔향기 밴 검은 바람

황톳빛 물결 태극으로 휘돌아
무궁 세월 삼키고 토해내는 바다
서해가 태양을 품을 때
불타는 낙조 가슴에 불 댕기다

빙긋 웃음으로 달이 돌아오면
한드작거리며 허공을 비비는 솟대 위 지나다가
반달 모양 목기러기 만나
온달을 이루다

비늘로 우수수 쏟아지는 달빛 은총
어부는 새로 꿈을 깁다

새가 나는 건

새가 높이 나는 건
가슴속에서 남실대는
우리들 슬픔까지도
보고 싶어서일 거다

새가 더 높이 나는 건
저의 날개깃 털고 털어
희망의 낟알들
더 멀리 뿌려주고 싶어서일 거다

새야, 날아라
드높은 푸른 하늘
거미줄같이 반짝이는 너의 길을

겨울 장미

장미는 겨울을 잊었나
높은 담장 쇠창살에 끼여
가랑잎 안고 떠는 장미
버려진 개 한 마리 팍팍한 목청으로
우러러 짖어대는 눈길 따라
나는 보았지
살덩이 같은 꽃잎의 아픔을

날이 가고 달 흐르고 또 겨울이 지나도
잉걸불처럼 남은 사랑의 흔적
삭풍은 가슴에 무시로 일고
버르적거리는 낙엽은 갈 곳이 없어

한겨울의 빨간 장미
무심히 흔들리는 삭정이라 해도
그대로 두어라 남으려는 그 모습
다시 태어나는 날이 온다면
하늘 끝까지 타오를 불꽃
시들지 않는 붉은 마음

길

그때도 길이 있었다
혈육 같은 친구를 묻고 돌아오던 날
돌미역처럼 흐느적거리는 내 발아래
길은 침묵으로 누워있었다

지친 내 발걸음에
모래처럼 자잘한 위로의 말을 늘어놓으며
안아줄 듯 슬며시 일어서는
북태평양 고기압보다 더 따스한 길아
네가 펼치는 비포장 오솔길이든
비늘 세운 블록 포장 보도이든
끊임없이 이끄는 너를 따라
의심 없이 나 짧은 인생을 간다

새는 오일 탱크에서 밭아지는 휘발성 기름처럼
피어나는 나의 꿈 바람이 헤적이고
온갖 인연들 주워 담을 수도 없이 흩어질 때
사지를 버둥대는
허풍선이 같은 몸뚱이를 싣고
구름 같은 길이 놓여있었다

겨울 바다 소묘

함박눈이
바다의 검은 피부로 스며든다

자꾸 몸을 뒤척이는 물결은
모래톱을 간질이고
새우등처럼 휜 백사장은 끼룩거린다
실타래 같은 거품을 물고
목쉰 바람 소리로

은을 두드려 덮은 하늘은
바닷빛 물이 들어 무겁다
우물우물 죽이 되도록 씹어
꼴깍 삼키려는 노파처럼
흰 포말은 쉼 없이
검은 갯바위를 어른다

구름을 뚫고 은비녀 같은 빛이 비낀다

낯선 도시의 갈매기

어디서 날아왔니 괭이갈매기
진흙탕 말라붙은 작은 몸에
팥죽처럼 얼룩진 검은 선혈
구멍 뚫린 내 가슴에 바람이 인다

죄인의 무지한 돌팔매에 명 끊기어
울음 다물고 저세상으로 둥실 떠나간 새
찢어진 깃 자락이 아려 파닥이던 그 숲속
뜯겨나간 꽃잎 상처 점박이 나리꽃도
셀 수 없는 몸부림 흔들며 시들어지고

실잠자리 하나 무심한 얼굴로
연기처럼 성근 물안개 틈을 유유히 누빈다
손끝으로 찌르르 스며드는 도시의 살기를 떨치고
너를 잃어 울먹거리는 그 바다로 돌아가
하늘 드높이 솟구치며 날아라, 언제까지나
낯선 곳에 누운 괭이갈매기야

아기별꽃

묵정밭 귀퉁이 응달에
힘겨운 듯 고개 든 아기별꽃
풀벌레 축축한 울음으로
한 철 내내 세상사 들려주고
은하수는 밤마다 눈 맞춤으로
벗이 되어준다지만
어디서 불어오는 바람결 맞아
가닥가닥 빗질한 마음처럼
오롯이 버티어 선다

나는 누구인가?

새벽녘의 서늘함에

홑이불 당겨

몸을 친친 감았다가

아침 볕뉘에 누리가 데워지면

발길질로 이불 걷어차버리지

조금의 냉기도 얕은 따스함도

참을 수 없다는 듯

수없이 끌어당기고 밀쳐내는

나는 누구인가?